КУЋНО ПИВАРСТВО: КОМПЛЕТАН ВОДИЧ ЗА КУЋНО ПИВАРСТВО

100 РЕЦЕПАТА, САВЕТА И ТЕХНИКА ЗА СТВАРАЊЕ ЈЕДИНСТВЕНИХ И ПЕРСОНАЛИЗОВАНИХ ЗАНАТСКИХ ПИВА

Данка Гујаничић

Одрицање од одговорности

Информације садржане у и имају за циљ да служе као свеобухватна збирка стратегија о којима је аутор ове е-књиге истраживао. Сажеци, стратегије, савети и трикови су само препорука аутора, а читање ове е-књиге не гарантује да ће нечији резултати тачно одражавати резултате аутора. Аутор е-књиге је уложио све разумне напоре да пружи актуелне и тачне информације за читаоце е-књиге. Аутор и његови сарадници неће бити одговорни за било какве ненамерне грешке или пропусте који могу бити пронађени. Материјал у е-књиги може укључивати информације трећих страна. Материјали трећих страна се састоје од мишљења које су изразили њихови власници. Као такав, аутор е-књиге не преузима одговорност за било који материјал или мишљења трећих страна. Било због напредовања интернета, или због непредвиђених промена у политици компаније и уредничким смерницама за подношење, оно што је наведено као чињеница у време писања овог текста може касније постати застарело или неприменљиво.

УВОД

Кућно пиварство последњих година постаје све популарније. Многи људи су заинтересовани да сазнају како да направе своје сопствено занатско пиво код куће. Овом куварицом желимо да пружимо свеобухватан водич за кућно пиварство, пружајући увид у све аспекте пиварства. Од основних техника прављења сладовине, до одабира састојака, до ферментације, сазревања и финалне дегустације, овај водич ће вас водити корак по корак кроз процес прављења сопственог занатског пива. Осим тога, укључили смо неке од наших омиљених рецепата, да бисмо вам дали инспирацију која вам је потребна да направите сопствени јединствени и укусни домаћи напитак. Будите спремни да учите, експериментишете и забавите се док правите своје савршено занатско пиво!

ИНФУСЕД ДИСХЕС

1. Говеђи паприкаш са коренастим поврћем

Принос: 6 порција

Састојак

- 2 фунти Говеђе чорбасто месо
- 1 кашика сувог тимијана
- 1 кашика Сувог рузмарина
- $\frac{1}{4}$ шоље биљног уља
- 2 кашика путера
- 1 чаша Лук; ољуштен и исечен на коцкице
- $\frac{1}{4}$ шоље Брашно
- 12 унца Тамно пиво
- 1 литар Врућа говеђа чорба
- $\frac{1}{2}$ шоље Здробљени парадајз
- 2 кашичица Сол & 2 кашичица бибер
- 1 шоља Ољуштене и исечене шаргарепе и целера
- 1 чаша Ољуштена и исечена на коцкице рутабага

- 1 чаша Ољуштен и исечен на коцкице пастрњак

У великој тепсији ставите да проври и смањите ватру на лагано кључање. Кувајте $\frac{3}{4}$ сата.

2. Аљаско ћилибар пиво црвени пасуљ

Принос: 6 порција

Састојак

- 1 фунти Црвени пасуљ; кувана
- ½ фунте Шунка; коцкице
- ½ фунте Хот линк кобасице; коцкице
- 3 медија Јалапено Чиле бибер
- 1 средња Лук; коцкице
- 1 кашика креолског зачина
- 2 Боттлес Аласкан Амбер Беер
- ½ шоље Целер; коцкице
- ½ шоље Црвена паприка; коцкице

У лонац или тешку шерпу од 3 литре ставите све састојке осим пасуља да прокључа и кувајте сат или два. Додајте пасуљ и динстајте још сат-два.

Немојте користити креолски зачин направљен од соли. Кобасица и шунка дају со, а за столом се може додати још.

По жељи додајте још паприке. Послужите са пиринчем. Оцедите пасуљ и напуните водом да покрије и динстајте док не омекша .

3. Прса пива и чилија

Принос: 1 порција

Састојак

- 2 чена белог лука; млевено
- 2 кашичице млевеног кима
- $\frac{1}{4}$ кашичице Цимет
- $\frac{1}{4}$ шоље Плус 1 жлица. браон шећер
- 5 фунти Брискет
- 2 велика лука; исећи на клинове
- 1 шоља Тамно пиво; или дебео
- 3 кашике Парадајз паста
- 1 кашика конзервираног чилија од чиполе
- 10 малих Црвени кромпир; пресечен на пола
- $\frac{1}{2}$ фунте Баби шаргарепе

Помешајте прва 3 састојка темељно. Прса натрљајте мешавином зачина да прекријете и ставите на фолију.

Ставите кришке лука преко меса. Помешајте следећа 3 састојка и преостали смеђи шећер у чинији. Прелити преко меса.

Прелијте месо соком од тигања и пеците још сат времена.

Додајте кромпир и шаргарепу у тигањ. Пеците око 1-½ сата, непокривено .

4. Пиво и переци пилетина- Пердуе

Принос: 4 порције

Састојак

- 1 Пердуе пилетина, исецкана
- ⅓ шоље брашна
- 1 кашичица Паприка
- 2 кашичице соли
- $\frac{1}{4}$ кашичице ђумбира
- $\frac{1}{4}$ кашичице бибера
- $\frac{1}{2}$ шоље пива
- 1 јаје
- $\frac{1}{2}$ шоље Фино здробљене переце
- $\frac{1}{4}$ шоље Рендани пармезан
- $\frac{1}{4}$ шоље Здробљени комадићи сланине
- 1 кашика сушених пахуљица першуна

Помешајте брашно, паприку, со, ђумбир и бибер у посуди за мешање. Додајте пиво и јаје .

У пластичној кеси помешајте здробљене переце, пармезан, комадиће сланине и першун. Умочите комаде пилетине и протресите да се премаже.

Пеците, покривено, на 350 Ф 30 минута

5. Пилетина од теста за пиво

Принос: 4 порције

Састојак

- 1 шоља Непросејано брашно
- 1 кашика паприке
- ½ кашичице Со
- 1 Кт. кукурузно уље
- 1 шоља Пиво
- 3 фунте Пилетина, исечена на делове

У великој посуди помешајте прва 3 састојка. Сипајте кукурузно уље у тешка 3 кт. лонац или фритеза, пуњења не више од ⅓ .

Загрејати на средњој ватри до 375 степени

Када сте спремни за пржење, постепено умешајте пиво у мешавину брашна док не постане глатко. Умочите пилетину, 1 по комад, у тесто; отрести вишак.

Пржите неколико комада одједном; повремено окрећући, 6 до 8 минута или док не порумени и пилетина не омекша. Оцедити на папирним убрусима. Држите на топлом док пржите преостале комаде.

6. Рибље пржење у пиву

Принос: 1 порција

Састојак

- 1 шоља Бискуицк
- 1 кашичица Со
- 4 6 унци пива
- ⅓ шоље Кукурузно брашно
- $\frac{1}{4}$ кашичице Бибер
- 2 фунте Рибљи филети

Помешајте суве састојке и додајте пиво да добијете лепљиву конзистенцију за потапање. Посолите рибу и умочите у тесто. Пржите на 375 степени док риба не порумени.

7. Пиво тесто иверак пржити

Принос: 1 порција

Састојак

- 1 шоља Бискуицк
- 1 кашичица Со
- 4 6 оз пива
- ⅓ шоље кукурузног брашна
- $\frac{1}{4}$ кашичице бибера
- 2 фунте Рибљи филети

Помешајте суве састојке и додајте пиво да добијете лепљиву конзистенцију за потапање. Посолите рибу и умочите у тесто. Пржите на 375 степени док риба не порумени.

8. Пивско тесто за пржену пилетину

Принос: 1 порција

Састојак

- ⅔ шоље брашна
- $\frac{1}{2}$ кашичице соли
- $\frac{1}{8}$ кашичице бибера
- 1 жуманца; претучен
- $\frac{3}{4}$ шоље равног пива

Комбинујте суве састојке и оставите на страну. Умутите жуманца и полако додајте пиво.

Ово постепено додајте у суву смешу. Навлажите пилетину. Умочите у зачињено брашно, а затим умочите у тесто. Поново умочите у зачињено брашно. Пржити

9. Пивско тесто за шкампе и поврће

Принос: 1 порција

Састојак

- 2 шоља Брашно
- 2 цуп Беер
- уље; за пржење
- Зачињено брашно; за јаружање
- шкампи; огуљен, девеинед
- Траке од тиквица
- Цветови броколија

У чинију са брашном умутите пиво, малу количину одједном. Додајте још пива по потреби. Сипајте тесто кроз цедиљку и оставите да одстоји сат времена. Проверите жељену конзистенцију и додајте још пива ако је потребно.

У дубоком лонцу загрејте уље на 360 степени. Ставите предмет за пржење у зачињено брашно, а затим га умочите у тесто за пиво. Пржите до златне боје. Извадите на тањир обложен папирним убрусом. Послужите одмах.

10. Пржени ђон у пивском тесту

Принос: 1 порција

Састојак

- 2 фунте Филе ђона
- ¾ шоље Брашно
- 1 кашичица Прашак за пециво
- ½ кашичице Црни лук у праху
- ⅛ кашичице Бели бибер
- ½ шоље пива
- 2 јаја, претучени тартар сос од биљног уља

Тесто за ово јело од пржене рибе је лагано и хрскаво са деликатним укусом пива . Други рибљи филети могу се заменити табаном.

Осушите рибу папирним убрусима. Сваки комад преполовите по дужини.

Комбинујте суве састојке. Помешајте пиво са јајима и 2 ТБС уља и додајте сувим састојцима. Мешајте само док се не навлажи. Загрејте ¼ инча уља у тигању

Умочите сваки комад рибе у тесто, добро премажите. Пржите до златно браон боје са обе стране. Послужите са тартар сосом. Направите 6-8 порција.

11. Пржено поврће у пивском тесту

Принос: 4 порције

Састојак

- уље
- 1 коверта мешавина супе од златног лука
- 1 шоља Небељено вишенаменско брашно
- 1 кашичица прашка за пециво
- 2 велика јаја
- $\frac{1}{2}$ шоље Пиво, било које обично пиво
- 1 кашика припремљеног сенфа

У фритези загрејте уље на 375 степени Ф. У међувремену, у великој посуди, умутите мешавину супе са златним луком, брашно, прашак за пециво, јаја, сенф и пиво док не постане глатко и добро. Оставите тесто да одстоји 10 минута. Умочите предложено поврће и ствари у тесто, а затим пажљиво убаците у врело уље.

Пржите, окрећући једном, до златно браон боје; оцедити на папирним убрусима. Послужите топло.

12. Пилетина са мексичким пивом

Принос: 1 порција

Састојак

- $1\frac{1}{2}$ фунте комади пилетине
- 2 зелене паприке исечене на танке кришке
- 1 средњи лук исечен на танке кришке
- 1 млевени чен белог лука
- 1 велики сецкани парадајз
- 2 кашике уља
- 1 конзерва пива
- Со бибер

Загрејте уље у шерпи. Пилетину посолите и побиберите, ставите у уље и пржите сваки комад пилетине са сваке стране док не порумени, извадите пилетину и оставите са стране. На истом уљу пржите лук, зелену паприку, парадајз и бели лук око 2-5 минута. Додајте пилетину и пиво, пустите да проври, смањите ватру и оставите да се кува док пилетина не буде готова и пиво се скоро упије. Не дозволите да се осуши. Послужите уз прилог од пиринча.

13. Пивско тесто Халибут

Принос: 1 порција

Састојак

- пар килограма морске плоце
- довољно уља за кување да омогући дубоко пржење
- 1 шоља Брашно
- једна боца пива од 12 унци
- 1 кашика паприке
- 1 1/2 кашичице соли

За ово тесто најбоље одговара светла пива доброг квалитета. Укус тамног пива је прејак.

Нарежите плотун на комаде дебљине 1 инча. Загрејте уље у фритези на 375 степени Ф. Направите тесто комбиновањем преосталих састојака. Умочите халибут у тесто и убаците комаде неколико по неколико у врело уље. Кувајте комаде рибе док тесто не порумени ~ само неколико минута. Халибут се лако прекува, па покушајте да не претерујете. Уклоните рибље комаде из уља и оцедите их на папирним убрусима; послужите топло уз своје омиљене прилоге.

14. Риба и помфрит у пивском тесту

Принос: 1 порција

Састојак

- $1\frac{1}{2}$ фунте Филети бакалара
- ⅓ шоље свежег лимуновог сока
- $\frac{1}{2}$ млевеног великог белог лука
- Соли по укусу
- Бибер по укусу
- 6 медијума Кромпир
- Биљно уље

Тесто за пиво

- $\frac{1}{2}$ шоље брашна
- 1 кашичица паприке
- Алева паприка
- Сладно сирће (опционо)

Исеците рибу на комаде за сервирање и ставите у равну чинију. Поспите рибу лимуновим соком, луком, сољу и бибером по укусу, маринирајте 1 сат. Оперите и огулите кромпир; исећи на траке и испрати у хладној води: добро оцедити. Кромпир пржите у дубоком уљу загрејаном на 375 степени док не омекша; оцедите и распоредите на папирним убрусима. Просејати заједно брашно, 1 тсп. со, бибер и кајенски кајенски по укусу у равно јело; посути рибу у брашно. Умочите рибу у тесто од пива и пржите до златно смеђе боје и хрскаве.

15. Печурке за тесто за пиво

Принос: 4 порције

Састојак

- 24 сваки Печурке
- 1 сваки Пакет мешавине теста
- 1 чаша Пиво

Оперите печурке и одрежите стабљике, али немојте потпуно уклонити целу стабљику.

Загрејте уље у фритези, као што је "Фри-Дадди" или дубоки тигањ са довољно уља да покрије

Мешајте тесто у складу са упутствима на паковању, осим што користите пиво као течност уместо воде или млека.

Пржите их у дубокој масноћи до златно смеђе боје и оцедите на папирним убрусима.

16. Тепсија од пива од кромпира

Принос: 8 порција

Састојак

- 4 велика црвенкаста кромпира са кором
- 1 шоља лука исеченог
- $1\frac{1}{2}$ кашичице соли
- 1 кашичица соли од белог лука
- 2 кашичице паприке
- 2 кашике вишенаменског брашна
- 2 кашичице шећера
- 4 кашике Маргарин
- 1 фунти Швајцарски сир, рендани

Огулите кромпир и нарежите на кришке од $\frac{1}{8}$ инча. Положите посуду за тепсију намазану путером са $\frac{1}{4}$ кромпира равномерно распоређеног у посуду. Кромпир поспите са $\frac{1}{4}$ црног лука.

Помешајте у малој посуди со, бели лук, со, шећер, паприку и брашно. Добро изблендати. Поспите $2\frac{1}{2}$ кашичице ове мешавине равномерно преко првог слоја.

Тачка са 1 кашиком путера исеченог на комаде. Наставите процедуру за још 3 слоја. Тепсију прелијте пивом и поспите ренданим сиром. Пеците у рерни загрејаној на 350 1 сат.

17. Дивљи пиринач у пиву

Принос: 4 порције

Састојак

- $\frac{1}{2}$ фунте Дивљи пиринач
- 1 конзерва Пиво (12 оз.)
- 6 кришки слaнине
- 1 мали лук, исецкан
- 1 конзерва Говедина чорба
- 1 конзерва крем супе од печурака

Потопите дивљи пиринач у пиво преко ноћи. У тигању пропржите сланину. Уклоните сланину; рушити се. На 1 до 2 кашике масти од сланине продинстајте лук

Помешајте оцеђен пиринач, говеђу чорбу, супу од печурака, измрвљене сланине и динстани лук. Сипајте у тепсију намазану путером од 2 литре. Цовер. Пеците у рерни загрејаној на 350 степени један сат. Откриј. Пеците 30 минута.

18. Пивско тесто од меких ракова

Принос: 6 порција

Састојак

- 12 Ракови, меки
- 12 унци Пиво; топло
- $1\frac{1}{4}$ шоље брашна
- 2 кашичице соли
- 1 кашичица Паприка
- $\frac{1}{2}$ кашичице Прашак за пециво

Сипајте пиво у посуду за мешање; додајте брашно, а затим остатке састојака. Добро промешати. Припремите тесто најмање 1-$\frac{1}{2}$ сата пре употребе јер ће се згуснути. Ракове лагано поспрашите у брашно; умочити појединачно у тесто.

Пржите на 360 степени 2-5 минута у зависности од величине. Ракови би требали бити златно браон. Оцедите и послужите.

19. Д у н ер тесто пилеће траке

Принос: 1 порција

Састојак

- 1 цан (12 унци) пиво
- 2 јаја
- 1½ шоље Брашно
- 4 капи боје за храну у нијанси јаја
- *Сос од меденог сенфа*
- 1 фунти Пилећа прса
- ¼ шоље Сенф у Дијон стилу
- ¾ шоље Душо
- ¼ шоље Мајонез

У чинији помешајте пиво, јаја и со. Умешајте брашно, по потреби додајте још брашна. Додајте боју за храну.

Припремите сос за потапање од меденог сенфа.

Када сте спремни за кување, загрејте уље од $1\frac{1}{2}$ до 2 инча у дубоком лонцу или фритези на 350 степени. Уклоните тесто из фрижидера и добро промешајте.

Премажите пилеће траке у тесто, а затим лагано ставите у уље хватаљкама да траке плутају.

20. Вок пржена пилетина у тесту

Принос: 6 порција

Састојак

- 3 до 3 1/2 - лбс. пилетина
- 2 шоље брашна
- 2 кашичице прашка за пециво
- 1 кашичица естрагона, пржена
- ¼ кашичице СВАКЕ; со и бибер
- 1 јаје, умућено
- 1 12 оз лименке пива

Пирјајте пилетину у благо посољеној води 25 минута.

Тестирајте вок за тачну температуру са коцком хлеба. Требало би да порумени за 60 секунди. Помешајте брашно, прашак за пециво, естрагон, со и бибер. Додајте умућено јаје и пиво. Мешајте до конзистенције креме. Уроните пилетину у тесто неколико комада одједном. Пустите да се вишак теста оцеди.

Кувајте пилетину 5 до 7 минута, окрећући једном, док лепо не порумени. Оцедити и држати на топлом.

21. Свињски котлети у пивској терииаки маринади

Принос: 6 порција

Састојак

- ⅔ шоље соја соса
- $\frac{1}{4}$ шоље Мирин
- Или слатки шери
- $\frac{1}{4}$ шоље јабуковог сирћета
- ⅓ шоље шећера
- 2 кашике свеж ђумбир
- ⅔ шоље пива (није тамно)
- 6 инча
- Свињски котлети

У шерпи помешајте соја сос, мирин, сирће, шећер, корен ђумбира и пиво, кувајте мешавину док се не смањи на око 1 ⅓ шоље .

У плиткој посуди за печење која је довољно велика да држите свињске котлете у једном слоју помијешајте свињске котлете и маринаду, окрећући котлете да их добро прекрију и пустите да се котлети маринирају .

Пеците свињске котлете на науљеној решетки постављеној око 4 инча изнад ужареног угља, подливајући их маринадом .

22. Јагњећи котлети са сосом од пива и сенфа

Принос: 4 порције

Састојак

- 8 јагњећи котлети од око 3 унце сваки
- 2 чена белог лука,ољуштена и исечена на ха
- 1 кашичица Биљно уље
- Сол и бибер по укусу
- 1 шоља Говедина чорба
- 1 флаша (12 оз) пива
- 1 кашика меласе
- 1½ кашике Зрнасти сенф
- 1 кашичица Кукурузни скроб

Јагњеће котлете натрљајте једном од половине белог лука, а затим их лагано премажите уљем и зачините сољу и бибером.

Додајте јагњетину у тигањ

У међувремену, сипајте говеђу чорбу и 1 шољу пива у тигањ; умешајте меласу и преостали бели лук. Довести до кључања.

У малој посуди помешајте кукурузни скроб и преостало пиво. Додајте у сос у тигању и умутите док се мало не згусне. Комбинујте

23. Лигње од теста за пиво

Принос: 4 порције

Састојак

- $2\frac{1}{2}$ фунте Лигње
- $1\frac{1}{2}$ шоље раженог брашна
- 1 кашика уља од кикирикија
- Сол и бибер по укусу
- 12 унци Пиво
- 5 беланаца, умућених у чврст снег, али не сув
- 4 шоље Биљно уље
- 2 гроздове Коврџави першун

У посуди за мешање помешајте брашно, 1 кашика. уље од кикирикија, посолите и побиберите и умутите да се сједини. Умутите пиво мало по мало. Пажљиво умутите беланца. Загрејте уље у фритези на 375 Ф. Умочите пипке лигњи у тесто и пржите у дубокој масти $2\frac{1}{2}$ минута . Оцедити на папирним убрусима. Угрејати се. Добро осушите першун и ставите у дубоку масноћу 20 секунди. Оцедити на пешкирима.

На велики тањир поређајте колутове лигње и поспите першуном.

24. Пирјана говедина на пиву у лонцу

Принос: 6 порција

Састојци:

- 3 фунте Немасно говеђе чорбе исечено на комаде
- 1 кашичица Со
- $\frac{1}{2}$ кашичице Бибер
- 2 средња лука, танко исечен
- 18 оз конзерви печурака
- 1 лименка пива од 12 оз
- 1 кашика сирћета
- 2 коцке говеђег бујона
- 2 кашичице шећера
- 2 чена белог лука, млевено
- 1 кашичица тимијана
- 2 ловорова листа

Ставите говедину у лонац. Помешајте све остале састојке и прелијте преко говедине. Кувајте на ниској температури 8-10 сати или на високој температури 4-5 сати. Пре сервирања згуснути сокове по жељи. Џојс каже да за то користи мало брашна или кукурузног скроба.

25. Печени шкампи у пиву

Принос: 1 порција

Састојак

- $\frac{3}{4}$ шоље Пиво
- 3 кашике уље
- 2 кашике першун
- 4 кашичице Ворцестерсхире соса
- 1 чен белог лука, млевена со и бибер
- 2 фунте Велики шкампи, у шкољкама

Помешајте пиво, уље, першун, вустерски сос, бели лук, со и бибер. Додајте шкампе, промешајте и поклопите. Маринирајте 60 минута.

Оцедите, резервишите маринаду

Ставите шкампе на добро подмазан сталак за бројлере; пеците 4 минута, 4-5 инча од ватре. Окрените и четкајте; пеците још 2-4 минута или док не порумене.

26. Пиво чили

Принос: 1 порција

Састојак

- 1 фунти Говедина или говедина/свињетина комбинација
- $\frac{1}{4}$ шоље чили праха
- 2 кашичице млевеног кима
- 1 кашичица белог лука у праху
- 1 кашичица Оригано
- 1 кашичица Кајенски или по укусу
- 1 конзерва (8 оз) соса од парадајза
- 1 лименка пива
- $\frac{1}{2}$ лука; коцкице

Лук пропржити на мало уља до провидности на средњој ватри, додати месо и загрејати на јакој и браон око два минута, смањити ватру на средњу и додати зачине све одједном и промешати да се испоље укуси сушених зачина, сада додајте парадајз сос и кувајте неколико минута дајући укус парадајз соса тако што ћете кувати неколико минута.

Сада додајте пиво доведите до кључања и оставите да се крчка око 1 сат или више.

27. Пивска салама

Принос: 10 фунти

Састојак

- 3 фунте Говеђа прса, нарезана на коцкице
- 7 фунти Шунка, на коцкице, укључена маст
- $1\frac{1}{2}$ кашике црног бибера
- 1 кашика млевеног буздова
- $1\frac{1}{2}$ кашике Здробљено семе горушице
- 2 кашичице белог лука, ситно млевеног
- 4 стопе велика говеђа црева

Почните да пушите на око 80 степени и постепено повећавајте температуру на 160. Ово би требало да траје око 4 сата. Пушите још 2 сата.

Охладите тако што ћете га потопити у лонац са хладном (не хладном) водом око 5 минута док се не охлади на додир. Саламу добро осушите и чувајте у фрижидеру.

28. Пивска поширана пољска кобасица

Принос: 4 порције

Састојак

- 12 унца Пиво
- 1 Киелбаса кобасица, 1 1/4 лбс.
- 1 Биљно уље
- 1 Сок од 1 лимуна

Загрејте роштиљ. Ставите пиво у шерпу довољно велику да држите т кобасицу. Загрејати до кључања; смањити топлоту. Избоцкајте кобасицу и лагано је поширајте у пиво 4 минута по страни. Драин.

Ако користите претходно натопљени чипс или комаде или друге ароме, поспите их по врућем угљу или камену на плинском роштиљу. Лагано премажите решетку уљем. Кобасицу лагано премажите уљем.

Пеците на средње јакој ватри 5 минута по страни. Послужите: прелијте кобасицу по средини или исеците на дебеле кришке. Пре сервирања попрскајте лимуновим соком.

29. Пиринач пива

Принос: 6 порција

Састојак

- ½ шоље сецканог лука
- ½ шоље зелене паприке; исецкани
- ½ шоље путера; растопљени
- 2 коцке Пилећа коцка бујона
- 2 шоље кључале воде
- 1 шоља Пиринач; некувано
- ¾ шоље Пиво
- ½ кашичице Со
- ¼ кашичице Бибер
- ¼ кашичице Гроунд Тхиме

Пропржите лук и зелену паприку на путеру док не омекшају

Растворите бујон у кипућој води; додати у мешавину лука и зелене паприке.

Умешајте пиво и зачине . Покријте и кувајте на лаганој ватри 30 до 40 минута или док се сва течност не упије.

30. Пивска кромпир салата

Принос: 8 порција

Састојак

- 3 фунте Кромпир
- 2 шоље целера исеченог на коцкице
- 1 мали лук, исецкан
- Со
- 1 шоља Мајонез
- 2 кашике Припремљени сенф
- $\frac{1}{4}$ кашичице соса од љуте паприке
- $\frac{1}{2}$ шоље пива
- 2 кашике Сецканог першуна

Пиво додато у прелив чини ову кромпир салату посебном.

Кромпир кувајте у кожи док не омекша. Када се охлади, огулите и исеците на коцкице. Додајте целер и лук и посолите по укусу. Помешајте мајонез са сенфом и сосом од љуте паприке. Постепено умешајте пиво. Додајте першун.

Прелити преко мешавине кромпира. Лагано промешајте виљушком. Охлади се.

31. Говеђа прса преко дивљег пиринча

Принос: 8 порција

Састојак

- $2\frac{1}{2}$ фунте Свежа говеђа прса
- 1 кашичица соли
- $\frac{1}{4}$ кашичице белог лука у праху
- 1 боца (12 оз) пива
- 2 Мед. Зрели парадајз, нарезан
- $\frac{1}{2}$ шоље лука исеченог на коцкице
- 1 кашичица Бибер
- 1 боца (12 оз) чили сос
- Дивљи пиринач Амандине
- Перслеи Спригс

Ставите говеђе груди, масном страном надоле, у дубоку тепсију. Прса поспите луком, сољу, бибером и белим луком у праху. Прелијте прса сосом од чилија. Чврсто покријте и пеците у лаганој рерни (325 степени Ф.) 3 сата. Прелијте прса пивом.

Ставите грудњак на велики тањир за сервирање и окружите га амандином од дивљег пиринча. Украсите исеченим парадајзом и першуном. Прса нарежите веома танко и послужите са врућом течношћу за кување.

32. Печена патка у пиву

Принос: 4 порције

Састојак

- $1\frac{3}{4}$ кашике Со
- $\frac{1}{4}$ кашичице Сечуански бибер у зрну
- Поундс Дуцк
- 1 конзерва Пиво; било које врсте, 12 оз

Помешајте со и бибер у зрну у малом тигању и пеците на лаганој ватри око 5 минута или док со мало не порумени и бибер у зрну слабо дими. Комешање.

Оставите патку да виси 6-8 сати или док се кожа не осуши. Посуду за печење обложите фолијом да рефлектује топлоту. Ставите пачјим прсима надоле и полако прелијте ⅓ пива док га трљате у кожу. Окрените патку и сипајте и утрљајте остатак пива преко груди, бутина, ногу и крила.

Пеците $1\frac{1}{2}$ сата на 400 степени, затим 30 минута на 425 степени и на крају још 30 минута на 450 степени.

33. Ћуфте са пивом

Принос: 6 порција

Састојак

- 1.00 јаје; претучен
- 1 моћи Кондензовани чедар сир
- 1 чаша Меке мрвице хлеба
- $\frac{1}{4}$ кашичице соли
- 1 фунти Млевена говедина или јунетина
- 1 средње Лук; танко исечен
- $\frac{1}{2}$ шоље пива
- $\frac{1}{2}$ кашичице Оригано; сушено, згњечено
- Дасх Бибер у зрну
- Кувани резанци или пиринач

У малој чинији помешајте јаје и $\frac{1}{4}$ шоље супе. Умешајте мрвице хлеба.

Ставите лук, раздвојен на колутове, у посуду за печење 12к7,5к2". Покријте

Комбинујте преосталу супу, пиво, оригано и бибер. Прелијте мешавину супе преко смеше. Пеците.

34. Пивски шкампи са тестенином анђеоске косе

Принос: 1 порција

Састојак

- 1 фунти шкампи, огулити и девеинед
- 1 флаша (12 оз.) светлог пива
- 1 шоља Вертикално исечен лук
- $1\frac{1}{2}$ кашичице рендане лимунове коре
- $\frac{1}{2}$ кашичице соли
- $\frac{1}{4}$ кашичице црног бибера

- 1 чена белог лука, млевеног
- 2 кашике екстра девичанског маслиновог уља
- 2 кашике лимуновог сока
- 4 шоље вруће куване тестенине са анђеоском косом
- Млевени свеж першун

Прокухајте пиво у холандској рерни, на јакој ватри. Додајте шкампе; поклопити и кувати 2 минута. Уклоните шкампе шупљикавом кашиком; одложити и држати на топлом. Додајте лук и следећих пет састојака у тигањ; довести до кључања.

Кувајте, отклопљено, 4 минута

Склоните са ватре; постепено додавати уље и лимунов сок уз стално мешање жичаном метлицом. Додајте тестенину; добро бацити.

35. немачка пивска риба

Принос: 1 порција

Састојак

- 1 Цео шаран
- 2 кашике Маслац
- 1 средња Лук, сецкани
- 1 стабљика целера, исецкана
- ½ кашичице Сал т & 6 Бибер у зрну
- 3 цела каранфилића
- 4 кришке лимуна

- 1 ловоров лист
- 1 флаша пива
- 6 ђумбира , здробљених
- 1 кашика шећера свеж першун

Растопите путер у тигању. Додајте лук, целер, со, бибер у зрну и каранфилић и промешајте. На врх ставите кришке лимуна и ловоров лист. Ставите рибу на врх. Додајте пиво. Покријте и кувајте 15-20 минута,

Ставите ђумбир и шећер у тигањ, умешајте 1-½ шоље процеђене течности.

Украсите рибу першуном. Пасирајте сос за преливање преко рибе и куваног кромпира као прилог.

36. Козице у тесту од пива и шафрана

Принос: 1 порција

Састојак

- 2 фунте Некуване козице
- 7 унци Чисто брашно
- 1 прстохват морске соли/паприке
- 12 праменова шафран; (натопљен у врелу воду)
- 16 течних унци Але
- Маслиново уље за дубоко пржење

- 1 кришке лимуна и аиоли

Направите густо тесто од пива, зачина и брашна и оставите да одстоји 30 минута. Требало би да има конзистенцију белог соса.

Ољуштите козице остављајући реп и умочите рибу у тесто, отресите вишак и пржите 2 минута у врелом уљу и оцедите на кухињском папиру.

Послужите са кришкама лимуна.

37. Супа од пива са циметом

Принос: 4 порције

Састојак

- $1\frac{1}{2}$ кашике (са гомилом) брашна
- 50 грама Маслац (3 1/2 кашике)
- 1 литар пива
- 1 мали комад цимета
- Шећер по укусу
- 2 жуманца

- $\frac{1}{8}$ литра млека (1/2 шоље плус 1/2 кашике)
- Препечени бели француски хлеб

Запржите брашно на путеру, а затим додајте пиво. Додајте цимет и шећер и доведите до кључања. Умутити жуманца и млеко и умешати у врело (али више не кључајуће) пиво. Процедите и послужите уз тостиране кришке хлеба.

38. Сом у пиву

Принос: 1 порција

Састојак

- 3 кашике Маслац или маргарин
- 5 чена белог лука, сецканог
- 3 зеленог лука, сецканог
- 2 филета сома , велика
- ⅓ шоље брашна
- По 4 печурке, велике, нарезане

- 3 унце Пиво, светло
- $\frac{1}{2}$ сваког лимуна
- 1 к Вустерширски сос
- 1 к Пиринач, бели

Ситно исецкани бели и црни лук попржите на путеру, вруће

Лагано побрашните сома, додајте у тигањ са печуркама. Сипајте пиво и третирајте филете соком од пола лимуна. Додајте неколико капи Ворцестерсхиреа. Пирјајте на средњој ватри, окрећући, док не порумене са обе стране

Послужите на рингли са пиринчем. Преко пиринча користите умак.

39. Пиво до пилетине

Принос: 1 порција

Састојак

- Цело пиле
- Зачињање
- Дри Руб

Узми пилетину. Натрљајте омиљеним зачинима укључујући паприку и со

Узми лименку пива од 16 оз. Попијте око $\frac{1}{2}$ пива.

Ставите пилетину у конзерву. Ставите пилетину на роштиљ.

Димите на око 275 или тако, док се батаки лако не окрену. Обично око 5 или 6 сати

40. Шаргарепа у пиву

Принос: 4 порције

Састојак

- по 4 шаргарепе; велики
- 1 кашика путера
- 1 шоља Тамно пиво; било који бренд
- $\frac{1}{4}$ кашичице соли

- 1 кашичица Шећер

Огулите и исеците шаргарепу на дугачке, танке кришке. Отопите путер у тигању средње величине; додати пиво и шаргарепу.

Кувајте полако док не омекша, често мешајући. Умешајте со и шећер. Кувајте још 2 минута и послужите топло.

41. Печени хамбургери од пива

Принос: 6 порција

Састојак

- 2 фунте Млевена јунетина
- Дасх Бибер
- 1 кашичица Табаско сос
- 1 чешањ белог лука, згњечен
- ⅓ шоље Чили сос
- ½ паковања Сува мешавина супе од лука

- $\frac{1}{2}$ шоље Пиво

Загрејте рерну на 400'Ф.

Комбинујте месо, бибер, табаско сос, бели лук, чили сос, мешавину суве супе од лука и $\frac{1}{4}$ шоље пива. Обликујте 6 пљескавица.

Пеците на 400'Ф док не порумене, око 10 минута. Подлијте преосталом $\frac{1}{4}$ шоље пива.

Наставите да печете још 10-15 минута, док не буде добро.

42. Сендвичи печени у пиву

Принос: 3 порције

Састојак

- 4 фунте Говеђе печење без костију
- 1 мала боца цатсуп-а
- 1 конзерва Пиво
- Соли по укусу
- Бибер по укусу
- Бели лук по укусу

Ставите печење у стаклену или емајлирану пећницу. Поспите зачинима. Сипајте пиво и кецап. Покријте и ставите у рерну загрејану на 350 степени 1 сат или више, док не омекша.

Нарежите танко на топлу лепињу за сендвиче, прелијте сосом преко меса. Послужите топло.

ИНФУЗОВАНЕ СУПЕ И ЧОРБЕ

43. Крем супа од пива

Принос: 4 порције

Састојак

- 12 унци Флаше пива (1 тамна и 2 светла)
- 1 кашика шећера
- $\frac{1}{2}$ кашичице Бели бибер
- $\frac{1}{4}$ кашичице Сваки цимет и со
- $\frac{1}{8}$ кашичице Мушкатни орашчић

- 3 јаја, одвојена
- $\frac{1}{2}$ шоље Милерам

Сипајте пиво у шерпу, умешајте шећер и зачине и прокувајте. Умутите жуманца у крему, додајте мало врућег пива у смесу, добро умутите и сипајте смесу назад у остатак пива, стално мутите жицом на веома лаганој ватри да се не би згрушали. Оставите у фрижидеру док се не охлади.

Када будете спремни за сервирање, умутите беланца у чврст снег, али не и сув, па их умешајте у супу.

44. Пивска супа од лука и белог лука

Принос: 1 порција

Састојак

- 4 фунте Лук; (око 10), резано
- 4 велика чена белог лука; млевено
- 2 кашике Маслиново уље
- А (12 унци) флаша пива (не тамно)
- 5¼ шоље говеђе чорбе
- 2 кашике Шећер

- 2 кашике Неслани путер
- 4 кришке једнодневног раженог хлеба; коре одбачене
- Свеже рендани пармезан

У јаком котлу кувајте лук и бели лук на уљу на умереној ватри, повремено мешајући, док смеса не порумени.

Умешајте пиво и чорбу; динстајте смешу поклопљену 45 минута и умешајте шећер и со и бибер по укусу. Док се супа кључа, у јаком тигању истопите путер на умереној ватри, додајте коцкице хлеба и кувајте их, мешајући, док не порумене.

Поделите супу у 6 чинија и прелијте је пармезаном и крутонима.

45. Супа од пива са сланином и чедаром

Принос: 33 порције

Састојак

- 6 унци Биљно уље
- $1\frac{1}{2}$ фунте Лук; грубо исецкан
- $1\frac{1}{4}$ фунте Кромпир; коцкице
- 1 фунти Шаргарепа; коцкице
- 1 фунти Целер; нарезане
- 1 конзерва Сланина и чедар сос од сира
- 2 шоље пива

- 1 литра пилећег темељца
- $1\frac{1}{4}$ фунте Мешано поврће; смрзнути
- $\frac{1}{2}$ кашичице Паприка
- $\frac{1}{2}$ кашичице Бели бибер
- $\frac{1}{4}$ кашичице Арома течног дима
- 2 кашике першун; исецкани

Ставите биљно уље у велику посуду. Додајте лук, кромпир, шаргарепу и целер; динстајте 25-30 минута или док се поврће не скува.

Додајте преостале састојке. Комбинујте темељно. Кувајте 20 минута на лаганој ватри, повремено мешајући. Послужите топло.

46. Баварско пиво супа од лука

Принос: 6 порција

Састојак

- 1 ловоров лист
- ½ кашичице Осушени босиљак / тимијан / оригано
- ½ кашичице Семе коморача
- ½ кашичице Млевени мушкатни орашчић
- ¼ шоље Црног бибера
- 5 лука; нарезан на 1/4" дебљине

- 1 кашичица Бели лук; згњечен
- 3 кашике Маслац
- $1\frac{1}{2}$ шоље Пилснер Беер
- $\frac{1}{2}$ кашике Магги зачина
- 4 кашике

У парче газе сјedините ловоров лист, босиљак, мајчину душицу, оригано, семе коморача, мускатни орашчић и бибер у зрну и завежите га канапом.

Пирјајте лук и бели лук на путеру до тамно смеђе боје

Пребаците у шерпу и додајте воду и пиво. Довести до кључања. Додајте врећицу зачина, Магги зачин и говеђу базу.

Кувајте полако 30 минута

47. Белгијски гулаш од пива

Принос: 1 порција

Састојак

- 3 фунте Цхуцк роаст
- 1 Димљена шунка
- $\frac{1}{2}$ шоље уље
- 1 велика Лук; танко сечен
- 3 кашике Брашно
- Пиво
- 1 шоља Говедина чорба
- $\frac{1}{2}$ кашичице Црни бибер

- 2 кашичице Шећер
- 2 кашике Першун пахуљице
- 1 прстохват Мајорана и 1 прстохват Мајчина душица
- 1 чешањ белог лука; ситно исецкани
- 4 шаргарепе; исећи на комаде од 1 инча
- $\frac{3}{4}$ шоље ораси
- 2 кашике винско сирће
- 2 кашике Шкотски виски

Смеђа говедина и шунка у уљу у великом тигању

Просејати брашно у уље до светло браон руса. Постепено додајте говедину

Додајте остале састојке. Покријте и кувајте 2 $\frac{1}{2}$ сата

48. Броколи пиво сирна супа

Принос: 10 порција

Састојак

- 4 шоље воде
- 1 лук, мали; исецкани
- 1 фунти Броколи, свеж
- 1 унца бујона, говеђег меса; грануле
- $\frac{3}{4}$ шоље Маргарин
- $1\frac{1}{2}$ шоље брашна
- $\frac{1}{4}$ кашичице Бели лук у праху

- $\frac{1}{4}$ кашичице Бибер, бели
- Цаиенне; окусити
- 2 фунте Цхеддар; коцкасти
- 4 шоље млека
- 2 унце Пиво

У великом лонцу за супу прокувајте воду и лук. Додајте зачине и половину броколија. Поново доведите до кључања. Додајте базу за супу и смањите температуру. У посебном лонцу направите руксак.

Када се руксак згусне, постепено умешајте у супу, умутите жичаном метлицом да бисте избегли грудвице. Загрејте млеко и сир до тачке кључања док се сир не растопи, непрестано мешајући.

Умутите у супу и додајте преостали броколи. Непосредно пре сервирања додајте пиво. Добро промешати.

49. Морска пивска супа

Принос: 6 порција

Састојак

- 1 шоља Кондензована парадајз супа
- 1 шоља Кондензована супа од зеленог грашка
- 12 унци Велико западно пиво
- $\frac{1}{4}$ кашичице Бели лук со
- 1 шоља Ситни шкампи
- 1 шоља Пола-пола или крем

Ставите кондензоване супе у шерпу; умијешати пиво. Додајте бели лук соли.

Загрејте до кључања, мешајте док не постане глатко

Кухајте 3 до 4 минута.

Непосредно пре сервирања додајте неоцеђене шкампе и пола-пола. Загрејати до температуре сервирања; не кувати.

50. Биерсуппе (пивска супа) и буттермилцхсуппе

Принос: 1 рецепт

Састојак

- 2 шоље Слатко млеко
- 2 кашичице кукурузног шкроба
- $\frac{1}{2}$ шоље Шећер
- 3 жуманца
- 3 беланца
- 2 шоље пива

Сцалд милк. Помешајте кукурузни скроб и шећер, додајте умућена жуманца и добро измиксајте пре него што полако умешајте у млеко.

У посебном тигању упарите пиво. Комбинујте са мешавином млека. У умућене беланце додајте 1 кашику шећера и ставите по кашику на супу.

ДОМАЋА ПИВА

51. Банана пиво

Принос: 35 чаша

Састојак

- 5 зрелих банана; пире
- 5 поморанџе; сок од
- 5 лимуна; сок од
- 5 шоља шећерне воде

Помешајте заједно и замрзните. Напуните велику чашу ⅓ пуне (или више) смрзнутом мешавином и додајте 7-Уп, Спрāite, Гингер але, итд.

52. Алцатраз пшенично пиво

Принос: 1 порција

Састојак

- 3 фунте Екстракт сушене пшенице
- 2 фунте Пшенични слад
- 1 фунти Јечам слад
- 1 фунти Екстракт сушеног слада
- 2½ унце Мт. Хоод хопс
- Квасац Пшенични пивски квасац

Два дана раније направите квасац. Згњечите три фунте слада а ла Миллер. Кувајте један сат, додајући 1-$\frac{1}{2}$ унце хмеља на почетку, $\frac{1}{2}$ унце на 30 минута и $\frac{1}{2}$ унце на 5 минута. Охладити и ставити квасац.

Фермент. Боца. Половину серије (5 гал) сам премазао са ⅓ шоље кукурузног шећера, а другу половину са $\frac{1}{2}$ шоље меда од детелине. После две недеље, пиво је било одлично. Међутим, пиво преливено медом било је превише газирано.

53. A & B роот пиво

Принос: 1 порција

Састојак

- $\frac{3}{4}$ шоље Шећер
- $\frac{3}{4}$ шоље Врућа вода
- 1 литар хладне селзер воде
- $\frac{1}{2}$ кашичице Концентрат пива из корена
- $\frac{1}{8}$ кашичице Концентрат пива из корена

Растворите шећер у врућој води. Додајте концентрат пива из корена и оставите да се охлади.

Комбинујте мешавину кореновог пива са хладном водом од селзера, попијте одмах или чувајте у фрижидеру у добро затвореној посуди.

54. Пиво од белог лука

Принос: 1 порција

Састојак

- $\frac{1}{2}$ фунте Екстракт бледог слада
- 4 велике луковице белог лука ољуштене и Очишћено
- 1 унца хмеља Нортхерн Бревер
- Лондон Але

Одвојите и огулите чена од четири целе луковице белог лука и лагано зарежите површину чена белог лука да бисте повећали површину током кључања.

Додајте екстракт, половину белог лука и $\frac{1}{2}$ унце хмеља. Укупно кључање 60 минута

Након кључања, охладите сладовину и процедите охлађену сладовину у примарну од 6-$\frac{1}{2}$ галона. После три дана снажног ферментације у 6$\frac{1}{2}$ галона

55. Калифорнијско обично пиво

Принос: 1 порција

Састојак

- $3\frac{1}{8}$ фунти Супербрау Плаин Лигхт
- 3 фунте Бриесс Голд ДМЕ
- $\frac{1}{2}$ фунте Кристални слад -- дробљен
- $\frac{1}{4}$ фунте Осушен јечам
- $1\frac{1}{2}$ унце Северни пиварски хмељ
- $\frac{1}{2}$ унце Цасцаде хмељ -- последњих 5 мин

- 1 паковање Виеаст 2112 или 1 Амстердам Лагер
- 4 унце Прајмерски шећер

Ставите сладни јечам на плех на 350 степени 10 минута. Уклоните и лагано изгњечите оклагијом. Измрвљена зрна ставите у врећу од муслина, ставите у 1 гал хладне воде и прокувајте. Уклоните зрна. Скините лонац са ватре, додајте сируп и ДМЕ и мешајте док се не раствори.

Вратите на топлоту и додајте $1\frac{1}{2}$ унце северног хмеља и кувајте 30-45 минута. Додајте каскадни хмељ од $\frac{1}{2}$ унце током последњих 5 минута кључања. Додајте у 4 галона хладне воде.

56. Шесточасовно пиво

Принос: 1 порција

Састојак

- 2 шоље Шећер
- 1 кашичица Квасац
- 2 кашике Екстракт пива из корена

Ставите састојке у галонски бокал са око литре веома топле воде. Мешајте док се састојци добро не измешају.

Завршите пуњење бокала топлом водом. Оставите да одстоји шест сати (само ставите поклопац на врх, не зашрафите). На крају шест сати, затворите поклопац и ставите у фрижидер.

57. Маерзен пиво

Принос: 54 порције

Састојак

- 4 фунте Бледи слад
- 3 фунте Лагани суви екстракт
- ½ фунте Кристални слад (40Л)
- 2 унце Чоколадни слад
- ½ фунте Тостирани слад
- ½ фунте Минхенски слад

- 2 унце Декстрински слад
- $2\frac{1}{2}$ унце Тетнангер хмељ (4,2 алфа)
- од $\frac{1}{2}$ унце (5,0 алфа)
- 3 кашичице гипса
- Виерка суви лагер квасац

Направите квасац 2 дана раније

Додајте 8 литара кључале воде и загрејте на 154 степена. Поставите најмање 30 минута. Загрејте на 170 степени 5 минута за кашу. Прскајте са 2 галона воде. Додати суви екстракт, ставити да проври. Кувајте 15 минута и додајте једну унцу Тетнангера. Кувајте један сат. Додајте 1 унцу Тетнангера на 30 минута. Додајте $\frac{1}{2}$ унце Теттнангер-а и $\frac{1}{2}$ унце Цасцаде-а на 5 минута. Процедите и охладите.

58. Кућно пиво

Принос: 1 порција

Састојак

- 1 Пецк добре пшеничне мекиње
- 3 Прегршт хмеља
- 2 кварта Меласа
- 2 кашике Квасац
- 10 галона Вода

Мекиње и хмељ ставите у воду и кувајте док мекиње и хмељ не потоне на дно. Процедите кроз танку крпу у хладњак.

Када је млако додајте меласу. Чим се меласа раствори, све сипајте у буре од 10 галона и додајте квасац.

Када се ферментација заврши, зачепите буре и биће готово за 4-5 дана.

59. Пиво од бруснице

Принос: 1 порција

Састојак

- 6 фунти Екстра лагани суви слад Екстракт
- 1 фунти Минхенски слад
- 1 унца Загрева кључање
- 3 кесе смрзнуте бруснице
- 1 унца Фугглес као завршни хмељ
- Квасац

Одмрзните бобице и помешајте са довољно воде да направите нешто више од 2 литре бљузгавице.

У међувремену , направите нормалан екстракт екстракта користећи минхенски слад као специјално зрно .

На крају сата кључања убаците завршни хмељ и сипајте течност од бруснице последњи минут-два док искључите ватру .

Боца после недељу дана

60. Пиво од ђумбира срдачно

Принос: 1 порција

Састојак

- 2 унце Корен ђумбира, ољуштен и исечен
- 1 фунти Гранулисани шећер
- ½ унце винске киселине
- Сок од 1 лимуна
- 1 лимун, нарезан

Ставите ђумбир, шећер, винску киселину и лимун у посуду и прелијте 1 галон кључале воде. Мешајте док се шећер не раствори.

Оставите око три-четири дана, а затим процедите и сипајте течност у стерилисане флаше. Биће спреман и заиста укусан за пиће након само неколико дана и може се сасвим радо разблажити било негазираном или газираном водом.

61. Хладњак за пиво од парадајза

Принос: 6 порција

Састојак

- $1\frac{1}{2}$ шоље сока од парадајза, охлађеног
- 2 лименке (по 12 оз) пива

украсити:

- зелени лук
- сос од црвене паприке
- со и бибер

Помешајте $1\frac{1}{2}$ шоље сока од парадајза, охлађеног и 2 конзерве (12 оз) пива, охлађено. Сипајте у охлађене чаше. Послужите одмах са зеленим луком за мешање и по жељи са сосом од црвене паприке, сољу и бибером.

ПИВИ КОКТЕЛИ

62. Пиво маргарита

Принос: 1 порција

Састојак

- 6 унца Лименка смрзнута концентрована Лимеаде
- 6 унца текиле
- 6 унца Пиво

Помешајте састојке у блендеру, додајте пар коцкица леда и кратко измиксајте. Оставите да се постави неколико минута.

Сипајте садржај преко леда у стаклу са обрубом соли.

63. Цлассиц Цхелада

Састојци

- Мексичко лагер пиво од 12 унци
- 1 унца (2 супене кашике) сока од лимете
- 1 прстохват соли
- Лед, за сервирање (пробајте чисти лед)
- За обод: по 1 кашика фине морске соли и Олд Баи

Упутства

На тањиру помешајте Олд Баи и со и распоредите у равномеран слој. Изрежите зарез у кришку лимете, а затим прођите кречом око руба чаше. Умочите ивицу обода у тањир соли.

Додајте сок од лимете и прстохват соли у чашу за пиво. Напуните чашу ледом и сипајте пиво. Лагано промешајте и послужите.

64. Мицхелада

Састојци

- Мексичко лагер пиво од 12 унци
- 1 $\frac{1}{2}$ унце (3 супене кашике) сока од лимете
- $\frac{1}{2}$ унце (1 супена кашика) сока од салса
- 1 кашичица Ворцестерсхире соса
- 1 кашичица љутог соса (као Цхолула)
- Лед, за сервирање

Упутства

На тањиру помешајте Олд Баи, чили у праху и со од целера и распоредите у равномеран слој. Изрежите зарез у кришку лимете, а затим прођите кречом око руба чаше. Умочите ивицу обода у тањир са зачинима.

У чаши помешајте сок од лимете, сок од салсе (користите ситну мрежицу да процедите сок од салсе из неколико кашика салсе), Вустершир сос и љути сос.

Напуните чашу ледом. Прелијте пивом и лагано промешајте.

65. Блацк Велвет Дринк

Састојци

- 3 унце пенушавог вина, попут шампањца или прошека
- 3 унце чврстог пива, као Гуиннесс

Упутства

Сипајте пенушаво вино у флауту или хигхбалл.

Сипајте стоут. Промешајте бар кашиком по жељи или оставите да одстоји минут или тако да се укуси споје

Послужите одмах.

66. Цлассиц Сханди

Састојци

- 6 унци бледог пива или лагер пива
- 6 унци пива од ђумбира, пива од ђумбира, соде од лимуна и лимете (Спрmessage) или пјенушаве лимунаде
- За украс: кришка лимуна (опционо)
- Опционо: 1 цртица гренке додаје сложен укус

Упутства

Додајте пиво и миксер у чашу и лагано промешајте да се сједини. Украсите кришком лимуна.

67. Грејпфрут Шенди

Састојци

- 1 унца једноставног сирупа
- 3 унце сока од грејпфрута
- 2 унце сода воде
- 6 унци занатског пшеничног пива (или светлог пива)
- За украс: кришка грејпфрута (опционо)

Упутства

У чаши пива помешајте једноставан сируп и сок од грејпфрута.

Додајте сода воду и пиво и лагано промешајте да се сједине. Украсите кришком грејпфрута и послужите.

68. Стравберри Цуцумбер Спритзер

Састојци:

- 6 оз Стелла Артоис Спритзер
- 1 оз џина
- .5 оз ликера од цветова безбе
- 2 кришке краставца
- 2 јагоде

Упутства:

У шејкеру за коктеле добро измешајте кришке краставца и јагоде. Додајте џин, ликер од цветова базге и протресите преко леда.

Процедите у чашу. Додајте Стелла Артоис Спритзер.

Украсите траком од краставца на ражњу и кришком јагоде.

69. Беергарита

Састојци:

- 1 оз. Текила
- 1 оз. Таттерсалл крема од грејпфрута
- .5 оз. Сок од лимете
- 6 оз. Светло пиво

Упутства:

Комбинујте све састојке у чаши изнад леда.
Украсите кришком лимете.

Обод соли по избору

70. Бацарди Лиме Схот са пивом

Састојци:

- 12 делова Пива
- 1 део Бацарди лимете

Упутства:

Сипајте пиво у чашу. Сипајте БАЦАРДИ рум са укусом лимете у чашу, а затим сипајте у пиво.

71. Фиделито

Састојци:

- 12 оз. Модело Негра
- 1 ½ оз. Цаса Нобле Репосадо Текила
- ½ оз. ПИММ'С ТХЕ ОРИГИНАЛ Но. 1 Цуп
- 1 оз. сок од лимете
- 1 оз. сируп од ваниле
- 2 цртице горчине
- Листови нане

Упутства:

Помешајте све састојке у шејкеру са ледом, искључујући Модело Негра и листове нане.

Протресите и прелијте преко леда. Топ са Модело Негра.

Послужите преостало пиво уз коктел. Украсите листићима менте.

72. Беермоса

Састојци:

- 6 оз пшенично пиво
- 2 оз Цава
- 2 оз свеже цеђеног сока од грејпфрута

Упутства:

Помешајте пиво и каву, убаците сок од грејпфрута и промешајте.

73. Сунсхине Боилермакер

Састојци:

- 1 конзерва бледог лагера
- 1.5 оз. од бурбона
- Спарклинг Ице Лемон Лиме
- лимун (гарнир)

Упутства:

У чашу од литре сипајте пиво под углом да бисте елиминисали главу. Додајте 1,5 оз. од бурбона. Одозго са пјенушавим ледом и лимуном. Украсите кришком лимуна.

74. Цинцо

Састојци:

- 12 оз. Модело Негра
- 1 оз. репосадо текила са јалапеном
- 1 оз. Чиле ликер
- 1 оз. свеж сок од лимете
- ½ оз. агаве
- Зачињена чили со
- Точак креча

Упутства:

Окружите чашу са зачињеном чили сољу. Додајте текилу, чиле ликер, свеж лимет и агаву у шејкер.

Протресите и процедите преко свежег леда. Допуните пивом. Послужите преостали Модело Негра уз коктел.

Украсите зачињеним ободом од соли од чилија и точком од лимете.

ДЕССЕРТС

75. Пиво и кисели купус

Принос: 10 порција

Састојак

- ⅔ шоље путера
- 1½ шоље шећера
- 3 јаја
- 1 кашичица ваниле

- $\frac{1}{2}$ шоље какао
- $2\frac{1}{4}$ шоље просијаног брашна
- 1 кашичица прашка за пециво
- 1 кашичица соде
- 1 шоља пива
- ⅔ шоље киселог купуса
- 1 шоља грожђица
- 1 шоља сецканих ораха

Све изблендати.

Претворите у два калупа за торте од 8 или 9 инча подмазана и побрашњена. Пеците на 350 35 минута. Охладите и замрзните по жељи.

76. Пивски кекси

Принос: 4 порције

Састојак

- 2 шоље небељеног брашна
- 3 кашичице прашка за пециво
- 1 кашичица соли
- $\frac{1}{4}$ шоље Скраћивање
- $\frac{3}{4}$ шоље пива

Загрејте рерну на 450 степени Ф. Просејте суве састојке заједно. Исеците на скраћивање док не добије конзистенцију кукурузног брашна.

Умешајте пиво, лагано гнетите и развалајте на $\frac{1}{2}$ инча дебљине. Пеците 10-12 минута или док не порумени.

77. Торта од зачина од пива

Принос: 12 порција

Састојак

- 3 шоље брашна
- 2 кашичице соде бикарбоне
- ½ кашичице соли
- 1 кашичица цимета
- ½ кашичице алеве паприке
- ½ кашичице каранфилића

- 2 шоље смеђег шећера, упаковано
- 2 јаја, умућена
- 1 шоља Скраћивање
- 1 шоља сувог грожђа или сецканих урми
- 1 шоља сецканих ораха/ораха
- 2 шоље пива

Просејте заједно суве састојке. Крема заједно скраћивање и шећер; додати јаја.

Помешајте воће и орахе са 2 кашике мешавине брашна. Додајте мешавину брашна наизменично са пивом. Умешајте воће и орахе.

Сипајте у подмазан и брашном посут плех са цевима од 10 инча и пеците на 350Ф 1 сат, или док се не заврше тестови за колаче.

78. Пивска супа од сира са кокицама

Принос: 7 порција

Састојак

- $\frac{1}{4}$ шоље Маргарин
- 1 шоља Лук; исецкани
- $\frac{1}{2}$ шоље Целер; исецкани
- $\frac{1}{2}$ шоље Шаргарепа; исецкани
- $\frac{1}{4}$ шоље Свежи першун; исецкани
- 2 чена белог лука; млевено

- $\frac{1}{4}$ шоље брашна
- 3 кашичице сувог сенфа
- Бибер по укусу
- 2 шоље Пола и пола
- 1 шоља Пилећа супа
- $2\frac{1}{2}$ шоље америчког сира
- 12 унци Пиво
- 2 шоље кокица; искочио

Отопите маргарин у великој шерпи или холандској рерни на средњој ватри. Додајте све

Кувајте непокривено на средњој ватри 10-15 минута или док се супа не згусне и добро загреје

79. Пуњене јабуке печене у пиву

Принос: 6 порција

Састојак

- 6 медијума Кување јабука
- ½ шоље грожђица
- ½ шоље упакованог смеђег шећера
- 1 кашичица цимета
- 1 шоља Великог западног пива

Језгра јабука

Уклоните траку коре од 1 инча око врха.

Помешајте суво грожђе, смеђи шећер и цимет. Попуните центре за јабуке

Ставите јабуке у посуду за печење. Прелијте Греат Вестерн Беер.

Пеците на 350 степени Ф 40 до 45 минута, или док не омекша, повремено подливајући.

80. Торта од сира од чедара и пива

Принос: 16 порција

Састојак

- $1\frac{1}{4}$ шоље мрвица колачића Гингерснап
- 1 шоља плус 2 кашике шећера, подељено
- 1 кашичица млевеног ђумбира
- $\frac{1}{4}$ шоље неслани путер или маргарин,
- 24 унце Крем сир
- 1 шоља Сецкани оштар сир Чедар
- 5 великих jaja, на собној температури

- $\frac{1}{4}$ шоље безалкохолног пива
- $\frac{1}{4}$ шоље тешке креме

Помешајте мрвице колачића, 2 кашике шећера, ђумбир и путер. Чврсто притисните на дно припремљене посуде. Охладите док правите фил.

Б једите оба сира само док не постану глатки. Додајте шећер, јаја, једно по једно, мутите док се свако не сједини. На малој брзини, истуците пиво и густу павлаку. Сипајте у припремљену тепсију.

Пеците $1\frac{1}{2}$ сата или док се средина не постави, а врх лагано порумени, али не смеђи.

81. Британско воћно пиво

Принос: 1 порција

Састојак

- 3 ⅓ фунти Амбер обичан слад
- 2 фунте М&Ф ћилибарно пиво
- 1 фунти Црустал слад, дробљен
- 2 унце Северни пиварски хмељ
- 1 унца Фугглес хмеља

- 4 фунте Боровнице, малине или
- 1 паковање ЕДМЕ але квасца
- 4 унце   прајмер шећера

Ставите здробљена зрна у врећу од муслина и ставите у 1 гал хладне воде. Пустите да проври, уклоните зрна.

Уклоните лонац са ватре и додајте сируп и ДМЕ. Мешати док се не раствори. Вратите лонац да се загреје и додајте 2 оз северног хмеља. Кувајте 30-45 минута. Додајте хмељ од смокве за последњих 5 минута кључања. Додајте воће у сладовину када је кључање завршено.

Кухајте $\frac{1}{2}$ сата и додајте 4 литра хладне воде.

82. Основни пивски хлеб

Принос: 1 порција

Састојак

- 3 шоље Брашно
- $3\frac{3}{4}$ кашичице Прашак за пециво
- $2\frac{1}{4}$ кашичице Со
- 1 конзерва Пиво
- 1 кашика Душо

Подмажите калуп за хлеб. Помешајте брашно, прашак за пециво, со, пиво и мед у великој посуди, мешајте док се добро не измеша.

Пеците у претходно загрејаној рерни на 350 Ф 45 минута. Укључите решетку и охладите.

83. Сирни колачићи од пива

Принос: 6 порција

Састојак

- 1 шоља Вишенаменско брашно
- ¾ шоље Немасни чедар сир
- 4 кашичице шећера
- 1¼ кашичице прашка за пециво
- ¼ кашичице Прашак за пециво
- ¼ кашичице соли
- ⅔ шоље Пиво

- 1 јаје , претучено

Загрејте рерну на 375Ф

Попрскајте 6 шољица за мафине непријањајућим спрејом за кување.

Лагано сипајте брашно у посуду за мерење; равнају. У посуди помешајте брашно, сир, шећер, прашак за пециво, соду бикарбону и со; добро промешати. Додајте пиво и јаје; мешајте само док се суви састојци не навлаже. Поделите тесто равномерно у прскане чаше за мафине, напуните сваку око $\frac{3}{4}$ пуне.

Пеците на 375Ф 17 - 22 мин или док не порумени и чачкалица уметнута у центар не изађе чиста. Послужите топло или на собној темп.

84. Пивски хлеб од копра

Принос: 12 порција

Састојак

- 3 шоље брашна
- 1 кашика шећера
- 1½ кашике Прашак за пециво
- ¼ кашичице Со
- 12 унци Пиво
- 3 кашике Свеж копар

Загрејте рерну на 375 степени. Тепсију премажите маслацем или попрскајте спрејом од биљног уља. У посуду за мешање просијте брашно, шећер, прашак за пециво и со. Умешајте пиво и копар. Нарибајте тесто у припремљену тепсију и пеците у средини рерне 55 до 60 минута, или док не порумене на врху и нож уметнут у средину не изађе чист.

Оставите да одстоји у тигању 10 минута, а затим охладите на решетки.

ГРИЦКАЛИЦЕ

85. Пивски ораси

Принос: 1 порција

Састојак

- 2 шоље сировог кикирикија (на кожици)
- 1 шоља СУГАР
- ½ шоље ВОДА
- Неколико капи ЦРВЕНЕ боје за храну

- Кувајте у тешком тигању на умереној
нестане (око 10-15 мин)
Пеците 1 сат на 250

86. Пржене шпаргле у пивском тесту

Принос: 1 порција

Састојак

- По 1 до 2 фунте шпаргле
- 1 шоља брашна
- 1 лименка пива
- Со и бибер
- Бели лук у праху
- Зачињена со

- Италијански зачини, по укусу
- Маслиново уље

Помешајте цвет и зачине. Додајте пиво да се састојци прже полако мешајући док не буде довољно густо да се залепи за шпаргле. Исеците шпаргле на комаде од два инча или оставите целе.

Пржите у дубоком маслиновом уљу од два инча до златно смеђе боје, окрећући једном

87. Наранџасти колачићи

Принос: 1 порција

Састојак

- $2\frac{1}{4}$ шоље брашна
- 1 кашика прашка за пециво
- $\frac{1}{4}$ кашичице соли
- $\frac{3}{4}$ шоље путера
- $\frac{1}{2}$ шоље шећера
- 1 јаје
- 2 кашичице рендане коре поморанџе

- ½ кашичице екстракта бадема

Помешајте брашно, прашак за пециво и со; издвојити.

Умутите путер и шећер док не постану лепи, умутите јаје, кору поморанџе и екстракт бадема

Додајте суве састојке и умутите док се не сједине.

Немојте хладити тесто.

Упакујте тесто у пресу за колачиће. Провуците тесто кроз пресу на неподмазан плех. По жељи украсите шећером у боји или бомбонима.

Пеците на 400 ~ 6-8 минута. Извадите на решетке да се охладе.

88. Беер гриддлецакес

Принос: 4 порције

Састојак

- $1\frac{3}{4}$ шоље вишенаменског брашна
- $1\frac{1}{2}$ кашичице прашка за пециво
- $\frac{1}{2}$ кашичице соде бикарбоне
- $\frac{1}{2}$ кашичице соли
- 1 шоља упакованог смеђег шећера
- $\frac{1}{2}$ шоље пива
- 1 јаје

- 3 кашике уље
- 1 кашика меласе
- 1 флаша пива
- 1 кашика путера (опционо)

Помешајте суве састојке. Умутити јаје са уљем и меласом. Додајте у суве састојке заједно са пивом.

Кашиком ставите тесто на врелу и веома мало подмазану решетку

Раширите задњом страном кашике до пречника $3\frac{1}{2}$ до 4 инча. Кувајте док не порумени, окрећући једном.

За сируп помешајте састојке у шерпи и кувајте неколико минута.

89. Смокиес у пиву и меду

Принос: 6 порција

Састојак

- 1 фунти Минијатурне смокие-линкове
- 12 унци пива
- $\frac{1}{2}$ шоље меда

Браон смокиес у тигању довољно великом да у њега стане све састојке

Смокие прелијте пивом и медом и пустите да проври. Смањите топлоту и покријте.

Кухајте 15 минута. Пребаците у посуду за сервирање и склоните се са пута.

90. Пиво тесто од лука прстенови

Принос: 2 порције

Састојак

- 1 ⅓ шоље вишенаменског брашна
- 1 кашичица соли
- $\frac{1}{4}$ кашичице бибера
- 1 кашика уља
- 2 жуманца
- $\frac{3}{4}$ шоље пива

- 2 велики бели лук нарезан на 1/4 инча дебљине
- Уље за дубоко пржење

Помешајте брашно, со, бибер, уље и жуманца. Постепено умутите пиво. Охладите тесто $3\frac{1}{2}$ сата да се одмори пре употребе.

Нарежите лук и умочите га у тесто. Пржите у дубоком уљу на 375Ф до златно смеђе боје. Ово тесто такође добро функционише на другом поврћу осим колутова лука - а одлично је и на риби.

ДИПС, НАМАЗИ И ЗАЧИНИ

91. Дип од сира и пива

Принос: 1 порција

Састојак

- 1 чаша Швапски сир; мала скута
- 3 унца крем сир
- 2¼ унце Девилед хам
- ¼ шоље пива; Нови Гларусов солстициј
- ½ кашичице Љути сос
- 1 дасх Салт

- першун; за украс

Ставите све састојке осим першуна у посуду за мешање и умутите док не постане глатка. Ставите у чинију и украсите першуном

92. Темпура тесто за пиво

Принос: 1 порција

Састојак

- $1\frac{1}{4}$ шоље брашна
- 1 кашичица Со
- 1 кашичица Фино млевени црни бибер
- $\frac{1}{2}$ кашичице Цаиенне
- 1 12 унци лагер пива; (хладно)
- Биљно уље за дубоко пржење; (360 степени Ф.)

Брзо умутити; не претерујте са мешањем!

Оставите грудвице и одмах употребите тесто.

93. Немачки сос за роштиљ

Принос: 12 порција

Састојак

- 2 боце (14 оз) цатсуп
- 1 боца (12 оз) чили соса
- ½ шоље Припремљени сенф
- 1 кашичица Суви сенф
- 1 кашичица Со

- $1\frac{1}{2}$ шоље смеђег шећера; чврсто спакована
- 2 кашике Црни бибер
- 1 флаша (5 оз) соса за одреске
- $\frac{1}{2}$ шоље Вустерширски сос
- 1 кашика соја соса
- 1 флаша (12 оз) пива
- 2 кашичице млевеног белог лука

Помешајте све састојке, осим белог лука, у шерпи и динстајте 30 минута на средњој ватри. Пре употребе додајте млевени бели лук.

Посипајте месо током последњих 15 минута печења.

94. Основни моп за пиво

Принос: 3 порције

Састојак

- 12 унци Пиво
- ½ шоље Јабуково сирће
- ½ шоље Вода
- ¼ шоље Уље од репице, уље од уљане репице
- ½ средње Лук , сецкани

- 2 чена белог лука , млевеног
- 1 кашика Ворцестерсхире соса
- 1 кашика сувог руба

Комбинујте све састојке у лонцу. Загрејте крпу и користите је топло.

95. Пивско тесто за рибу

Принос: 6 порција

Састојак

- 1 шоља Вишенаменско брашно
- $\frac{3}{4}$ кашичице Прашак за пециво
- $\frac{1}{2}$ кашичице Со
- $\frac{1}{2}$ шоље Вода
- $\frac{1}{2}$ шоље пива
- 1 свако јаје
- Биљно уље за дубоко пржење

- 2 фунте Рибљи филети

Један од најбољих рецепата за тесто

У чинији помешајте брашно, прашак за пециво и со. Направите бунар у центру; сипајте воду, пиво и јаје, мутите да добијете глатко тесто. Пустите да одстоји 20 минута.

Загрејте уље у великом тигању на 350Ф

Умочите рибље филете у тесто, додајући један по један у врело уље. Кувајте око 5 минута, окрећући једном или два пута, док не порумене и не постану хрскави. Извадите на тањир обложен папирним пешкиром.

96. Ширило се пиво и едам

Принос: 3 шоље

Састојак

- 2 круга Едам сира од 7 оз
- 8 унци Картонска млечна павлака
- $\frac{1}{4}$ шоље Пиво
- 2 кашичице Исецкан власац
- Исецкан власац
- Разни крекери

Ставите сир на собну температуру. Изрежите круг са врха сваког округлог сира, око $\frac{1}{2}$ инча од ивице. Уклоните исечени круг парафинског премаза

Пажљиво извадите сир, остављајући $\frac{1}{2}$ инча сира нетакнутог да формира љуску

Ставите павлаку, пиво, власац и сир у посуду блендера или чинију процесора за храну. Покријте и обрадите док не постане глатко, повремено заустављајући машину да бисте састругали стране.

Кашика мешавине сира у шкољке

Покријте и охладите неколико сати или преко ноћи.

По жељи украсите власцем. Послужите са крекерима.

97. Дип од сира и чилија

Принос: 1 порција

Састојак

- 2 шоље ренданог оштрог чедара
- $\frac{3}{4}$ шоље Пиво (није тамно)
- 2 шоље ренданог Јарлсберга
- $\frac{1}{2}$ шоље Оцеђени парадајз из конзерве
- 2 кашике Вишенаменско брашно
- 1 флаша киселог јалапено чилија, млевеног
- 1 мала Лук; млевено
- Тортиља чипс као прилог

- 1 кашика несланог путера

У чинији сипајте сиреве са брашном и резервишите смесу.

У великом тешком тигању продинстајте лук на путеру на умерено лаганој ватри, мешајући, док не омекша, додајте пиво, парадајз и халапењо и динстајте смешу 5 минута.

Додајте резервисану мешавину сира за ½ шоље у мешавину пива, мешајући после сваког додавања док се сиреви не истопи, послужите дип са чипсом. Прави 4½ шоље

98. Пиво рибљи сос

Принос: 1 порција

Састојак

- 1 шоља Мајонез
- $\frac{1}{4}$ шоље Цатсуп
- $\frac{1}{4}$ шоље Пиво
- 1 кашика Припремљени сенф
- 1 кашика лимуновог сока

- 1 кашичица Припремљени хрен

Комбинујте све састојке.

Охладите и послужите уз рибу.

99. Маринада за пиво за говедину

Принос: 8 порција

Састојак

- 2 лименке пива (канте од 12 оз или 10 оз)
- 2 кашичице соли
- ½ шоље маслиновог уља
- 1 кашичица млевене кајенске паприке
- 1 кашика винског сирћета
- 1 кашика Припремљени рен

- 1 кашичица Црни лук у праху
- 2 кашике Сок од лимуна
- 1 кашичица Бели лук у праху

Помешајте све састојке и користите као маринаду.

Затим користите као сос за заливање меса док се кува.

100. Мексичка пивска салса

Принос: 4 порције

Састојак

- По 4 сушеног чилија
- 6 великих зрелих парадајза
- $\frac{3}{4}$ шоље белог лука исеченог на коцкице
- 4 чена белог лука
- 1 кашика крупне соли
- $\frac{1}{2}$ кашичице Црни бибер

- $\frac{1}{2}$ шоље Мексичко пиво
- $\frac{1}{2}$ шоље Сецкани листови цилантра

Загрејте рерну на 400 степени. Потопите инче у врућу воду док не омекшају, око 10 до 15 минута. Оцедите воду и стабљику и семенке чилија. (Користите рукавице.) Ставите парадајз, црни лук, бели лук и чили у тепсију и пеците у рерни 20 минута док коре парадајза не поцрне.

Уклоните и ставите све у блендер или процесор хране и кратко пулсирајте док не постане пире, али и даље зрнасто. Сипајте у шерпу и ставите да проври. Умешајте со, бибер и пиво. Уклоните са ватре и додајте цилантро. Послужите топло. Прави 4 шоље

ЗАКЉУЧАК

Предности кувања и уливања пива се протежу далеко од отварања хладноће након дугог дана. Пивари свих нијанси могу се користити и у кувању...

Веома вреди одвојити време и труд да ускладите пиво са храном. Исти принцип се примењује када се вино користи за додавање тела и укуса јелима, а пиво је (обично) јефтиније од вина. Пошто је пиво тако сложено, требало би да користите различите нијансе и стилове за одговарајуће рецепте, а ова књига вас је опремила идејама за почетак!

CPSIA information can be obtained
at www.ICGtesting.com
Printed in the USA
LVHW021554050423
743357LV00027B/902

9 781783 576609